大人ネイルBook

どんな爪でもキレイに伸ばせる

自分でできる美爪ケア

定史子
fumikonail

ビジネス社

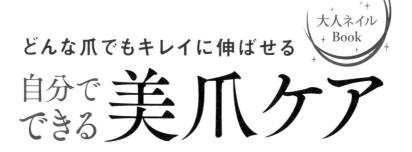

セルフケアで
長く美しい爪を育てられます！

爪は生まれつきのものだから、しかたがない……と、
あきらめていませんか？
折れやすい爪も、形が縦長ではない爪も、二枚爪も、
ちゃんと手入れをすれば、縦長の美しい爪になります。

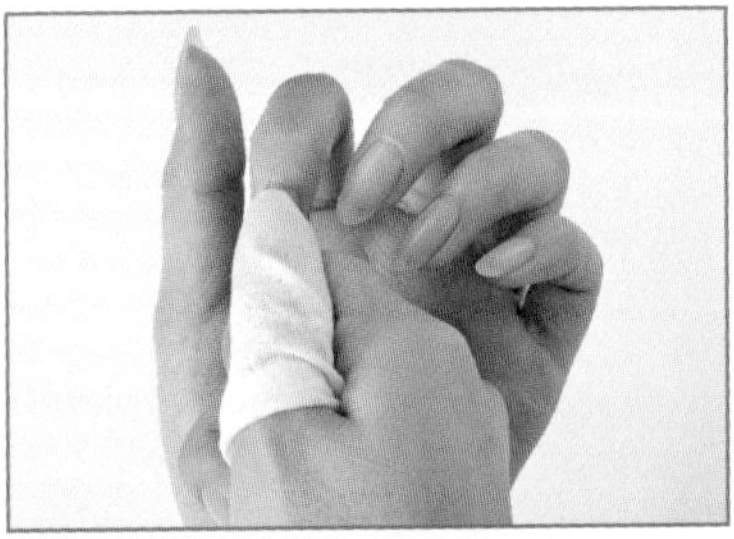

1 指先を5分ほどぬるま湯につけて、ふやかす。ガーゼを親指に巻きつけて、先を水で湿らす。爪の表面に親指の先を当て、爪のサイドかららせんを描くようにして、甘皮を押し上げる。

3 ステップで簡単セルフケア

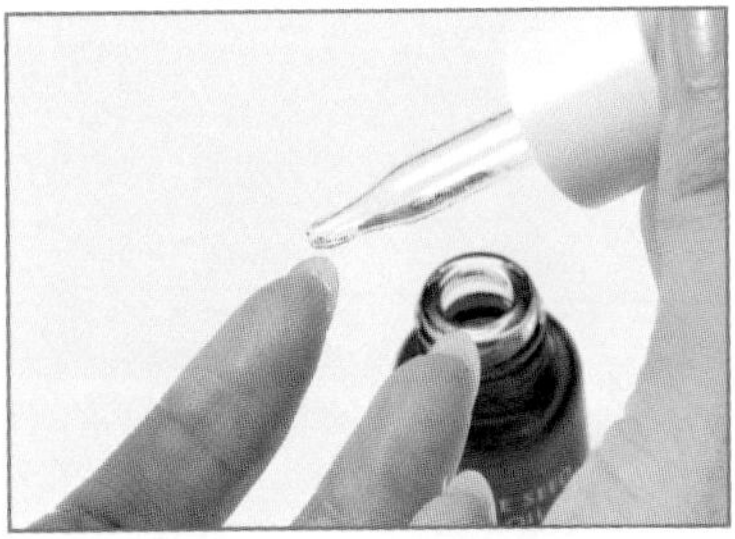

2 1日3回、ネイルオイルを爪裏に1滴ずつたっぷり垂らす。爪を縦長に育てるなら、1日6回がおすすめ。ネイルオイルは塗れば塗るほど、効果を早く実感できる。

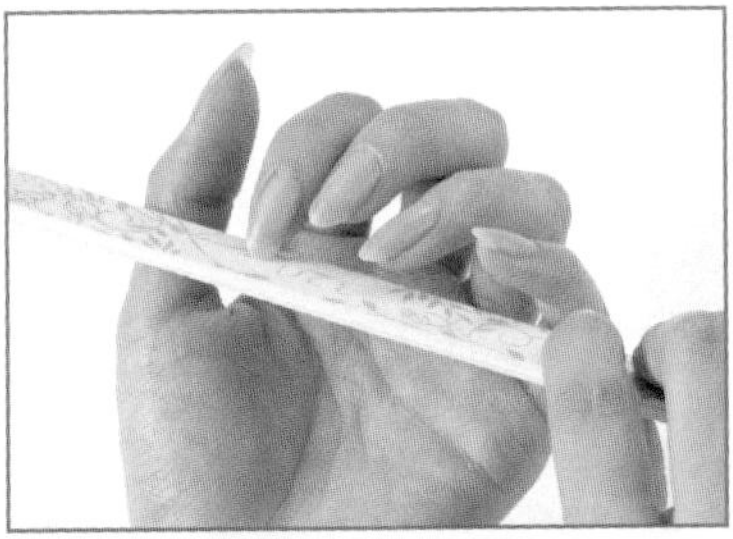

3 爪切りを使うと二枚爪になったり、爪と指をつなぐハイポニキウムがはがれやすくなるので、爪やすりで長さと形を整え、スポンジファイルで爪先をなめらかに整える。

早い人は
1カ月で変化を実感。
だいたい3カ月で、
きれいな爪に
なりますよ!

美爪のセルフケアについて
SNSで情報発信していたら、
「詳しく教えてほしい!」という
問い合わせをたくさんいただきました。
そこで「美爪セルフケアレッスン」
という講座をはじめることに。
たくさんの受講生が、
長く美しい爪に変わっています。
その実例を紹介します。

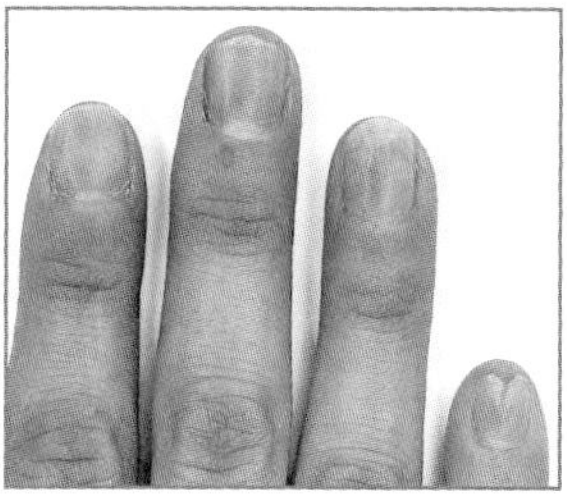
Before

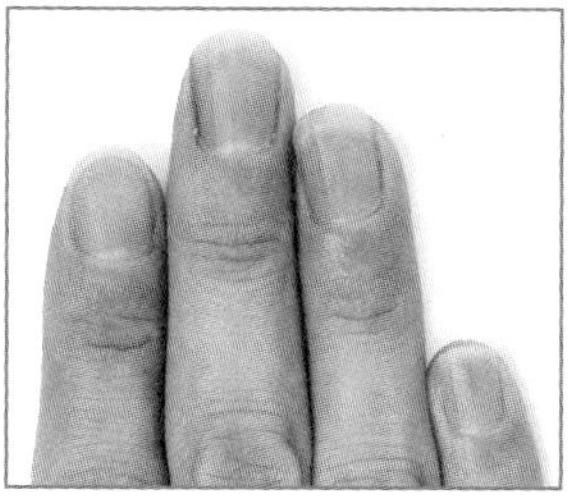
After(2カ月後)

大人ネイルスタッフ
Mさん
薄くてペラペラだった爪が、セルフケアの結果、強く丈夫になった。

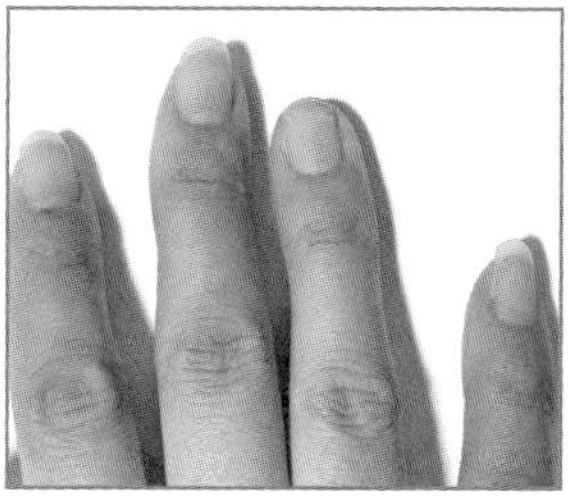
Before

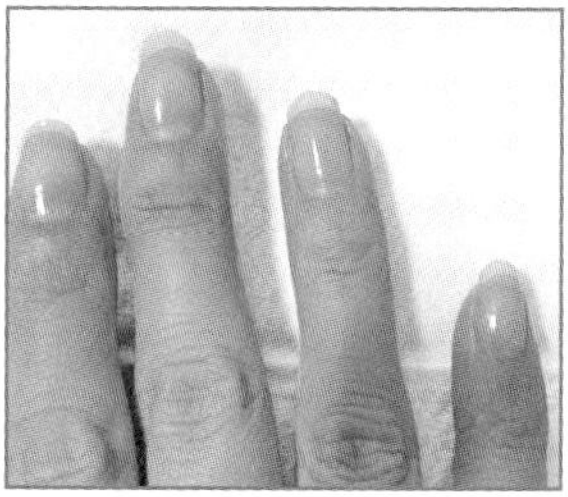
After(1カ月後)

受講生Yさん
1カ月ほどで、縦長の爪に変わりはじめた。折れやすかった爪も丈夫に。

ネイルケアの時間は、
自分へのご褒美。
心にゆとりができますよ!

はじめに

「ガサガサごわごわ……、もっときれいな指先になりたい！」
「爪がスラっとしてたら、もっとネイルを楽しめるのに」
「ジェルネイルで爪がボロボロになってショック！」

こんな悩みを抱えていらっしゃる方のために、私は爪を美しくする方法を発信してきました。インスタグラムでは、アカウント開設から1年半で3万人以上の方がフォローしてくださいました。その反響の大きさに正直とても驚きましたが、それだけ爪でお悩みの方が多いという現実も知ることができました。

最近では、私が発信したネイルケアの方法を実践した方から、インスタグラムのＤＭでうれしいメッセージがたくさん届きます。

「万年二枚爪だったのに、今は本当にきれいになりました！」
「すぐに爪が折れてなかなか伸ばせなかったのに、今では長く伸ばせるようになってマニキュアを塗るのが楽しくなりました！」
「美爪ケアをしたおかげで、爪がスラっと縦長になりました！」

などなど。こうしたうれしいご報告をいただくたびに、もっとたくさんの方に私の美爪ケアの方法を知っていただきたいと思うようになりました。

インスタグラムでは、フォロワーさんからよく質問をいただきます。ほとんどの場合、すでに投稿で載せている情報なのですが、その投稿にたどりつくことができない方が多いのです。どうしたら美爪を目指す人に欲しい情報を届けることができるのだろう？　とたびたびジレンマを感じていました。

美しい爪になるためには、さまざまな知識も必要です。例えば料理をつくるとき、レシピや調理の基本を知って、やっと美味しい料理がつくれます。材料のみを知っていても、料理の基礎を知らなければ料理はできません。それと同じように、美しい爪も、いろいろなことを知って、それを実践することで、はじめて手に入れることができます。

こうした想いがつのり、私の美爪セルフケアの方法を体系的に伝えられる本を書こう！　と思い立ちました。本書では、美しい爪になるために知っておいてほしいことを、時短で実践していただけるようコンパクトにまとめました。この本を読んで、簡単そうだからやってみようかな、と思っていただけたらうれしいです。

私のネイル講座を受講してくださった生徒さんの中には、「美爪セルフケアに出会って人生が変わりました！」と言ってくださる方がいます。「子育てで忙しいけれど、ネイルオイルを塗る時間が、私のリセットタイムになっています。自分を大切にすることで自然と笑顔になれて、夫や子供にもやさしく接することができるようになりました」と。

指先はつねに自分の視界に入ってきます。荒れた手や傷んだ爪を見るたびに落ち込んでしまう……。そんな方も少なくありません。一生懸命、仕事や子育てを頑張っている方には特に、そういうケースが多いです。家族や仕事を優先するあまり、自分のことは後回しになって、そのしわ寄せが指先にきてしまうのです。

仕事や子育てを頑張ることは素晴らしいです。でも頑張りすぎて、辛くなってしまうことがあるなら、少しだけ自分を大切にする時間も持ってみてください。

自分を大切にすることで、心にゆとりが出てきます。自分のご機嫌を自分でとるようなイメージです。そうすると、忙しすぎてイライラして周りに当たってしまい自己嫌悪に陥ったり、自分を否定して落ち込む、そんな悪循環を断ち切ることができます。

ストレス解消はこまめにするのがいいと言われています。仕事や子育ての合間に、少しだけ自分を癒す時間をつくってみてください。これは、私の経験から強く感じていることです。

私は4人の子供を育てながら、ずっと仕事をしてきました。子供が小さい頃は、いつもイライラしていて家族に当たってしまうこともよくありました。今思い返してみれば、頑張りすぎて悪循環に陥っていたのだと思います。

私はこんなに頑張っているのに、なぜわかってくれないの？　私の頑張りにもっと答えてほしい！　そんな気持ちで家族に接していました。しょっちゅうイライラして、眉間にしわが寄っているのは自分でもわかっていました。一番大切にしたいはずの家族に対しあれでよかったのだろうか……と、とても後悔しています。もっと手を抜けるところは抜いて、自分のことも大切にしてあげていたら、もっと笑顔でいることができたのかな、と。当時を振り返って反省しきりです。

今は、忙しいときはお惣菜を買ったり、冷凍食品でもいいと、すっかり手抜きすることを覚えました（笑）。

自分を大切にすることが、巡り巡って、周りの人を大切にすることにつながると実感しています。美爪セルフケアの時間を、忙しい日々のリセットタイムにしてみてください。

みなさんの爪が美しくなり、ふと指先を見たときに、「癒される～」と思っていただけたら、こんなにうれしいことはありません。

頑張るみなさんの毎日に、もっともっとたくさんの笑顔が増えますように！

Contents

大人ネイルBook

どんな爪でもキレイに伸ばせる
自分でできる
美爪ケア

Chapter 1

あきらめないで あなたも美爪になれる！

Chapter 2

3ステップでできる美爪ケア

Chapter 3

美爪は毎日の生活習慣から

Chapter
4
爪に関するお悩みに答えます

Chapter 5

フットケアで足元美人に

カバーデザイン　谷元将泰
本文デザイン&DTP　関根康弘（T-Borne）
写真撮影　川口奈津子（grafeel）
イラスト　小関恵子
ハンドモデル　中野未晴

Chapter 1

あきらめないで あなたも美爪になれる！

美しい爪の条件とは？

みなさんは、美しい爪の条件って何だと思いますか？
それは、次の３つです。

美爪の定義

❶ 爪と爪まわりに潤いがある
❷ 爪が3㎜以上伸ばせる
❸ 二枚爪や爪割れがなく、爪表面に傷がない

本書では、この３つをクリアすることを、「美爪」の定義とします。

爪は生え変わりに半年かかる

傷んでしまった爪は、残念ながらすぐ健康な状態に戻すのは難しいです。でも、がっかりすることはありません！　正しいお手入れをすれば徐々に状態が良くなり、いつのまにか、「最近、割れないし、二枚爪にもならないな」という日がきます。

では、どれくらいで爪の状態が良くなるのでしょうか？

それは、爪の傷み具合や、持って生まれた爪の厚さなど、さまざまなことが関係してくるので、人によって違います。

爪は、外力の影響を受けやすいのですが、正常な大人の爪は、形、色、ともに、いくつになっても20歳代と同様の性状が維持されると言われています。すなわち、もともと正常だった爪の場合は、もし今トラブルがあるとすれば、何かしら原因があるということになります。それは、手の使い方だったり、生活習慣だったり、病気が原因かもしれません。逆に、常にいい状態でいられれば、爪はずっと若さを保つことができるのです。

健康な爪に生え変わるには、どれくらいかかる？

爪が伸びるスピードには個人差がありますが、成人では1日およそ0・1㎜と言われています。ということは、爪がすべて生え変わるには約半年〜1年かかりますから、かなり気長に付き合わなくてはなりません。ちなみに足の爪は手の爪よりも伸びるスピードがゆっくりです。

また、一般的に小さい頃は伸びるのが早く、年齢を重ねるごとに遅くなっていく傾向にあります。傷んでしまった爪が完全に生え変わるにはとても時間がかかるので、なるべくなら傷まないように予防するのがおすすめです。もし、すでに傷んでしまっているなら、爪の強化剤を塗ったり、ネイルオイルで保湿したり、正しいネイルケアで爪を守りながら、気長に健康な爪を育てていきましょう。

乾燥は二枚爪や爪割れの原因に

爪は1枚のように見えますが、実は薄い3つの層が重なりあっています。それぞれ

爪の構造

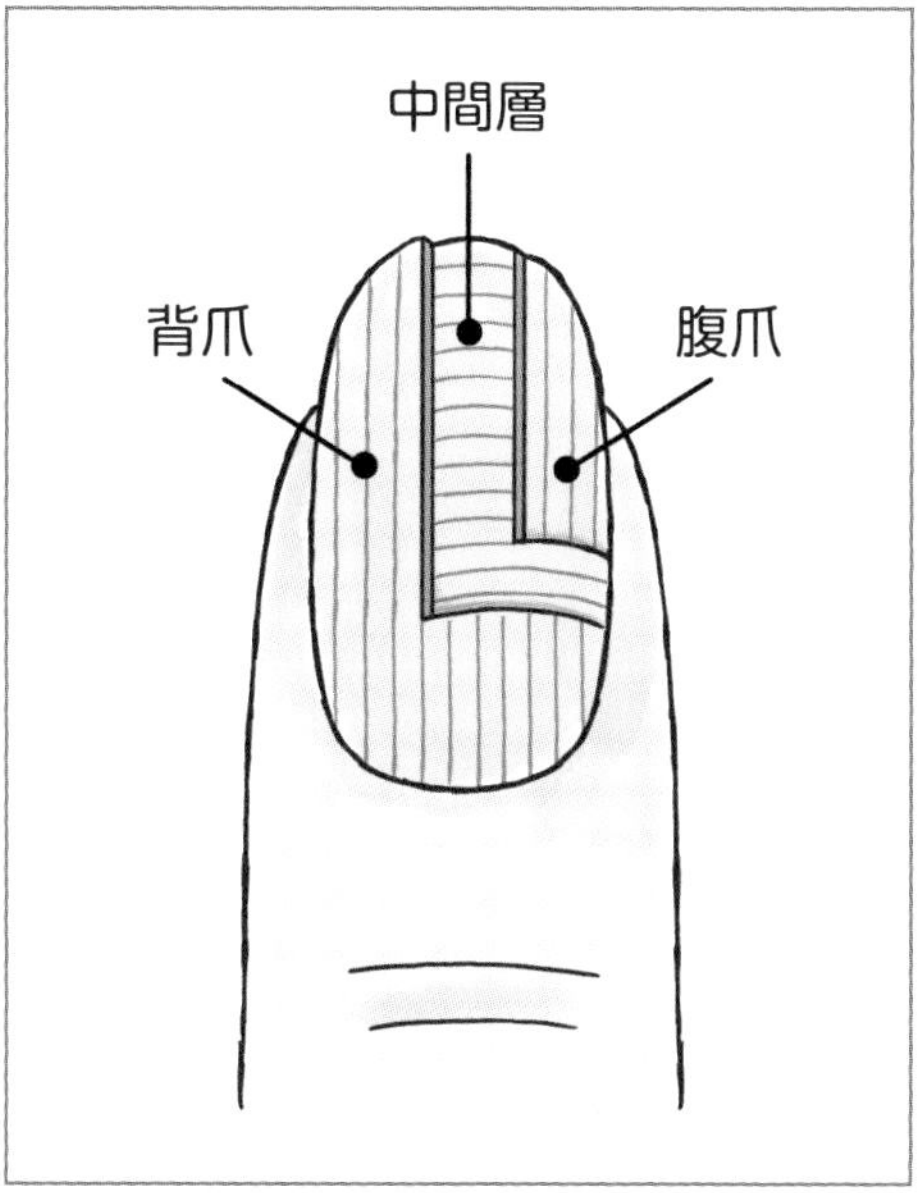

の層には縦横に繊維が走っており、表面側から順に、背爪が縦方向、中間層が横方向、腹爪が縦方向です。3つの層が重なることで、爪に柔軟性が出るのです。
　爪は乾燥したり衝撃を受けたりすると、3層がはがれてしまいます。これが二枚爪です。二枚爪になってしまうともとには戻せないので、ならないように予防することが大切。
　また、乾燥は爪が割れやすくなる原因となります。割れにくく、伸ばせる爪にするためには、保湿をしっかりして柔軟性を高めることが大切です。
　これから二枚爪や爪割れの予防方法を詳しく解説していきます。特別な道具や技術は必要ありません。コツさえつかんでしまえば、ネイルサロンに通わなくても、空いた時間にササっと短時間でケアできます。お金も時間も節約しながらできちゃいます。

おうちで簡単にできる〝美爪ケア〟で、自分史上最高に美しい指先を手に入れましょう！

Chapter
2

3ステップでできる美爪ケア

自分でできる美爪ケア
Step 1

甘皮はガーゼを使って、やさしく処理

ネイルサロンに行かなくても、自分で正しくケアすれば、健康で美しい爪を手に入れることができます。誰でも、どんな爪でも、割れにくく、伸ばせる爪になれます。

しかも、たったの3ステップで！

では、さっそく美しい爪をつくる3つのステップを紹介しますね。

ネイルニッパーやメタルプッシャーを使うのは危険！

ネイルサロンでの甘皮処理は、ネイルニッパーというよく切れる道具を使います。

ネイリストは、このネイルニッパーを使えるようにかなり練習をします。サロンワークの中では、ジェルネイルやカラーを塗るより、ケアが一番奥が深い仕事と言えます。

甘皮はどこまで切っていいのか判別しにくいこともあり、ネイリストさんによって、どこまで切るのかが変わってきます。ネイルサロンで施術してもらったあと、甘皮を切りすぎたことで爪の根本が赤く炎症を起こしたり、甘皮処理後にさかむけができたりする人もいます。技術の高いネイリストさんならそうした心配はいりませんが、場合によっては注意が必要です。

甘皮を押し上げるときに使う金属のスティック・メタルプッシャーも、使い方によっては、爪を傷めてしまうことがあります。メタルプッシャーで強く爪を押しすぎて、爪の表面を傷つけてしまったりするのです。

また、爪の根本を強く押し上げすぎて、凸凹の爪が生えてきた、という話もよく耳にします。

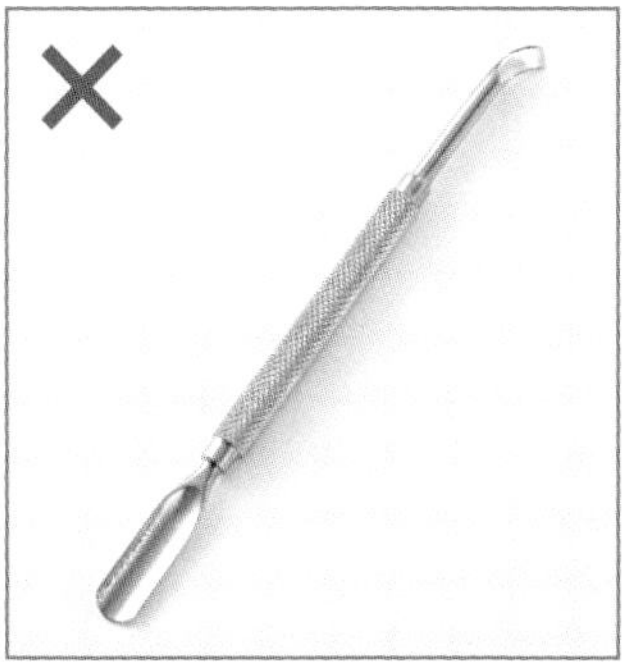

メタルプッシャーで爪を強く押すと、凸凹の原因になるので注意。

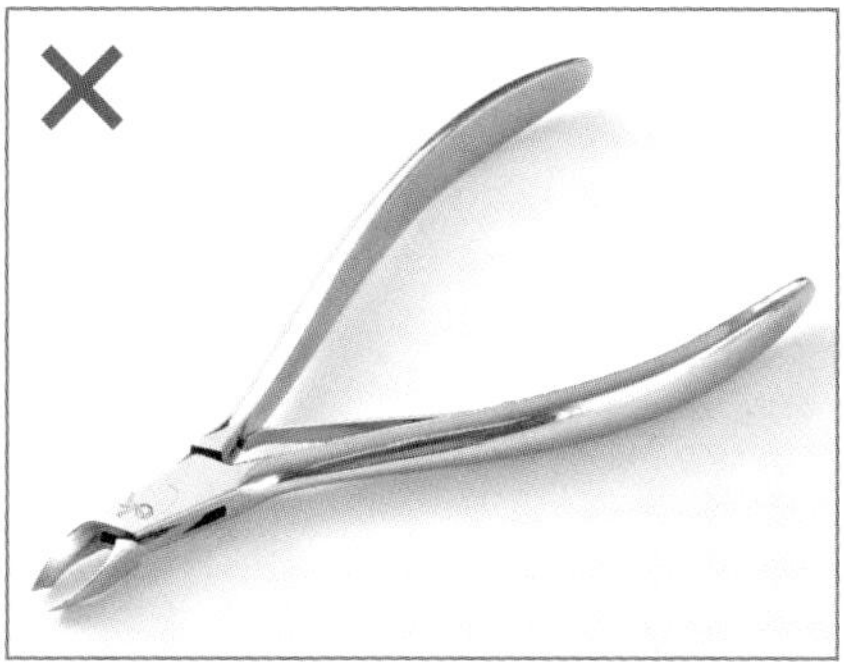

ネイルニッパーは、とても鋭く扱うのが難しい。

ましてや自分でする場合、利き手は逆利き手で処理することになりますから、とても危険です。誤って甘皮や爪を傷つけてしまわないためにも、これらの危険な道具は使わないことをおすすめします。

必要なのはガーゼのみ

私が提唱する美爪ケアの甘皮処理は、そういった危険な恐れのある道具は使いません。どなたにとっても安全なガーゼを使って行います。用意するものは、

・ガーゼ
・ぬるま湯を入れたボウル

たったこれだけです。手順もとっても簡単です。

1 指先を5分ほどぬるま湯につけて、ふやかす。
2 ガーゼを親指に巻きつけて、先を水で湿らす。

Q 育爪中に、爪が割れてしまいました。どうすればいいですか？

「育爪中に爪が割れてしまったのですが、どうしたらいいですか？」という質問をよくいただきます。

残念ながら、一度割れてしまった爪はもとには戻らないので、潔く短めに整えるのがおすすめです。そのままにしておくと、洋服を着替えるときや何か動作をしたときに、爪の亀裂部分が引っかかってしまい、さらに亀裂が深くなってしまいます。

爪割れを補修するテクニックもいくつかありますが、あまり長持ちしない

のでおすすめできません。

爪が折れやすいタイミングは、爪がぬれているときです。例えば、入浴中に髪を洗うときは要注意です。爪がやわらかくなっているので、爪先が頭皮に当たると髪に引っかかり、大変な圧がかかっています。そこで、髪を洗うときは、シリコンブラシを使うのがおすすめです。

また、洗濯物を干すときも爪が折れやすくなります。ぬれた洗濯物をさわることで爪がやわらかくなり、さらに水分を含んだ重い衣類を持つことで、爪に大きな負担がかかります。洗濯物を干すときは、ゴム手袋をするとよいでしょう。

毎日の生活の中でちょっとした爪先へのいたわりを続けることが、美爪を育てることにつながります。慣れてしまえば自然にできるようになりますから、面倒と思わずに、少しの気配りを続けてください。

爪にやさしい、おすすめの強化剤を教えて

爪を保護する強化剤は、いくつか種類があります。おすすめのものを選んでご紹介します。

カラーのベースとしておすすめ 大人ネイルハードナー

大人ネイルハードナーは、カラーのベースとして使う強化剤です。爪に強い皮膜をつくり補強してくれます。ネイルを楽しみながら爪を強化したい方におすすめです。カラーを塗らずに

大人ネイルハードナー
楽天などの通販サイトで発売中。

大人ネイルハードナーの使い方

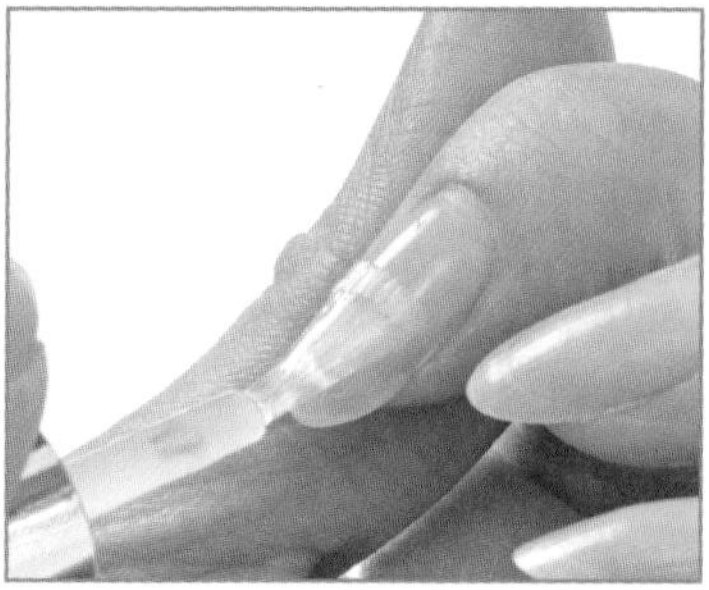

大人ネイルハードナーは二枚爪や割れやすい爪を補強してくれるので、カラーのベースとして使える。まずハードナーを塗る。

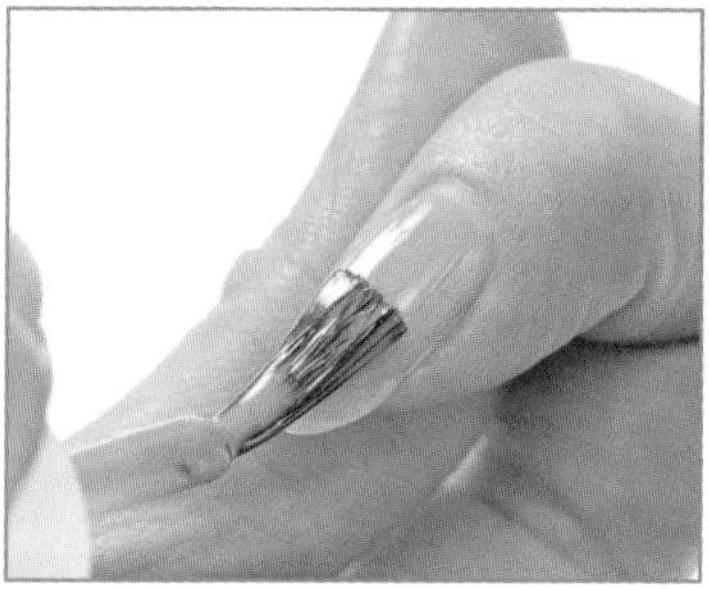

次にカラーを塗る。

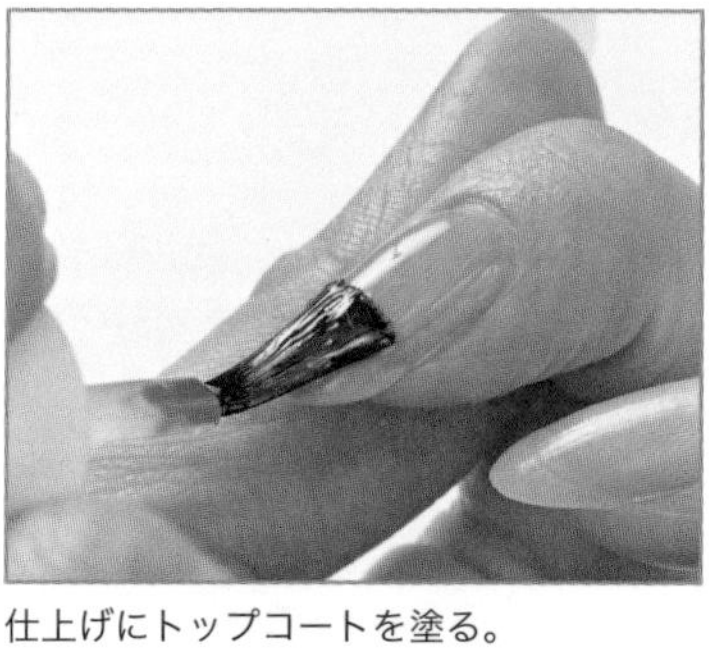

仕上げにトップコートを塗る。

ハードナー+トップコートの組み合わせでも使えます。

即効性のある OPIネイルエンビィ

OPIネイルエンビィは、透明で艶《つや》の出るタイプの強化剤です。使ったら1週間ほどで効果を感じる方が多く、一番即効性の

OPIネイルエンビィ
層を重ねることで爪を補強し、保護してくれる。

ある強化剤です。

使い方は、「1日おきに塗り重ね、1週間したらオフ」です。水や摩擦に弱く、爪先からはがれてきてしまうので、こまめな塗り重ねが必要です。

また、長く使い続けると、爪が固くなりすぎて、爪割れや二枚爪になるという事例があります。使用は1カ月を目途に、その後の強化は、次に紹介するZOYAのネイキッドマニキュアがおすすめです。

マットな質感が特徴の ZOYAネイキッドマニキュア

ZOYAのネイキッドマニキュアシリーズのベースコートとサテンシール（トップコート）は、ベースで爪を補修しながら、サテンシールで爪に厚みを出して補強していきます。仕上がりは少しマットな質感なので、マニキュアNGの職場

ZOYAネイキッド
サテンシール
多層製法によって爪表面がなめらかで自然に仕上がる。

ZOYAネイキッド
ベース
爪にしっかりと密着して補強してくれる。

でも使用することができます。

使い方は、「ベースコートを薄く塗り、サテンシールを塗って、1週間後にオフ」です。オフの際には、爪にやさしくスパッと落ちる、大人ネイル「アセトンフリーリムーバー」がおすすめです。

ミュージシャンやスポーツ選手にも愛用者が多い OPIナチュラルネイルストレンスナー

OPIナチュラルネイルストレンスナーは、塗っているときに爪が強化される透明のマニキュアです。無色透明の液で、単体塗りでも、カラーのベースコートとしても使うことができます。

やわらかい爪に硬さをもたらし、弱くなった自然爪や、乾燥による二枚爪を丈夫に保護してくれます。ギターを弾く方や、スポーツをする方など、指先を酷使する方にも愛用者が多いアイテムです。

OPIナチュラルネイルストレンスナー
やわらかい爪に硬さをもたらしてくれる。

ネイルケアを続けるために、モチベーションの上げ方を教えて

美爪を育てるには1～3カ月程度かかります。指先を使う機会は多いので、最初のうちはきちんとケアしていても、「ま、このくらい、いいか」と手袋をはめずに作業をしてしまったり、あるいは忙しくてネイルオイルを塗るのを忘れてしまったり……といったことが起こりがちです。

目に見えて変化があればよいのですが、爪を毎日見ていても、その変化に気づきにくいもの。ネイルケアをしていても変化がわからないと、だんだんとモチベーションが下がってきてしまいますね。

そこで、ネイルケアのモチベーションを維持する方法をいくつかご紹介します。

スマホで指先の変化を撮って記録する

毎日見ていても、爪の変化はわかりにくいものです。そこでケアをはじめるときに、指先の写真を撮っておくのがおすすめです。

私のレッスンの受講生に、最初の頃の写真と今の写真を並べてお見せすると、「こんなに変化していたんですね！　引き続き頑張ってケアしようと思います！」とおっしゃる方が多いです。

爪の変化は本当に少しずつですから、写真に撮っておいて、時々比べてみることをおすすめします。

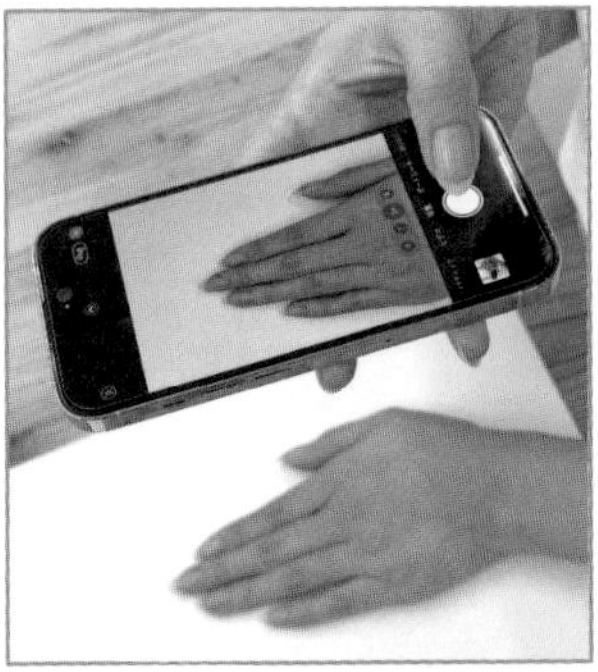

爪の写真を撮っておくことで、変化がリアルに感じられる。こんなに成長したんだ！　という実感が励みになり、モチベーションを維持できる。

ケアを続けやすい環境をつくる

ネイルオイルを塗ろうと思ったのについ忘れてしまったり、忙しくて後回しにしてしまったり。ケアを習慣化するまでには、なかなかハードルがあります。

そこで、ケアを忘れないためにスマホのアラームをセットしておいたり、1日の中でオイルを塗りやすいタイミングを探して、そのとき視界に入りやすい場所にネイルオイルを置いておくなどもおすすめです。

どうしたら続けられるか自分なりに考えてみて、ケアを続けやすくする環境をつくってみてくださいね！

変化を感じたら自分をほめる

ネイルオイルをしっかり塗ると、どんどん指先の潤いが増していきます。少しでも変化を感じたら、ぜひ自分を褒めてあげてください。

「いつもがんばっているね」と自分を褒め「半年後は美しい爪になるよ」と励ましてあげることで、どんどん自信がついていき、脳が喜びます。脳が喜ぶと、もっとケアを頑張ろう！　と思えるのです。

こうして好循環が生まれ、モチベーションを爆上げしてくれますよ。

じょうずなネイルのコツを知りたい

最近は速乾タイプのマニキュアが多く、乾かす時間も以前と比べてだいぶ短くなってきました。それでもしっかり乾かないうちに何かに当たったりして、せっかくのネイルがはがれてしまうこともあります。

塗ったマニキュアを長持ちさせる方法

知っておいてほしいのは、マニキュアは一見乾いているように見えても、しっかり完全に固まるには、なんと48時間もかかることです。カチッと固まる前に爪先が強くこすれてしまうとそこが削れてしまいます。塗ってから48時間は特に爪先がこすれないように気をつけてください。

マニキュアがはげてしまうタイミングは、食器やお米を洗うとき、シャンプーするとき、服を着替えるときなどです。

・食器やお米を洗うとき → ゴム手袋をはめる
・シャンプーするとき → シリコンブラシを使う
・服を着替えるとき → 爪先がこすれないように手をグーにして袖を通す

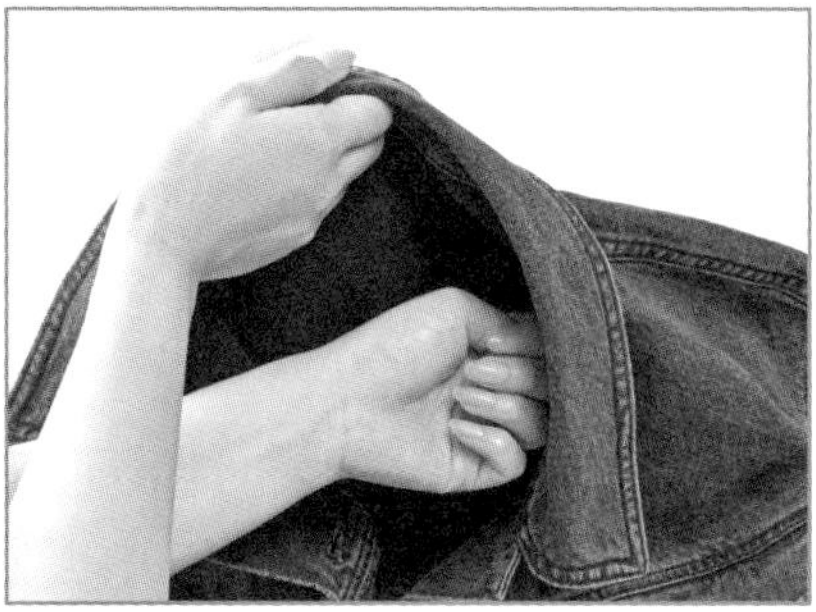
洋服を着るときは、手をグーにして袖を通すと、爪が当たらない。

爪がこすれないようにすれば、マニキュアを1週間もたせることができます。ぜひ、お試しください。

ムラにならない方法

「マニキュアは、ムラになってじょうずに塗れない」、そんなお悩みを抱えている方は、noiroというネイルブランドのマニキュアを使ってみてください。ほどよい筆のコシ、液のテクスチャーなどがとても塗りやすくムラになりにくいので、マニキュア初心者の方にもおすすめです。

マニキュアがはみ出してしまったら

マニキュアがはみ出してしまっても慌てる必要はありません。はみ出した部分だけをきれいに修正する方法があります。少量のはみ出しなら、ウッドスティックの先にリムーバーをつけてぬぐいます。大量の液がはみ出してしまったら、ウッドスティッ

マニキュアがはみ出したときの処理

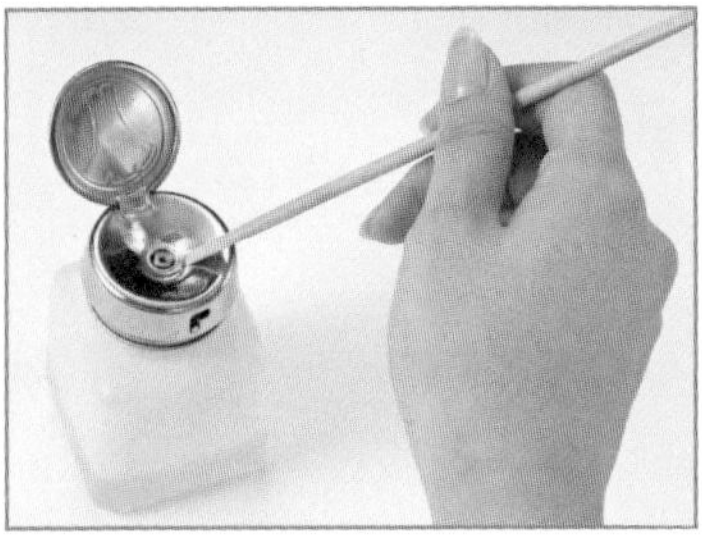

ウッドスティックの先にリムーバーをつける。

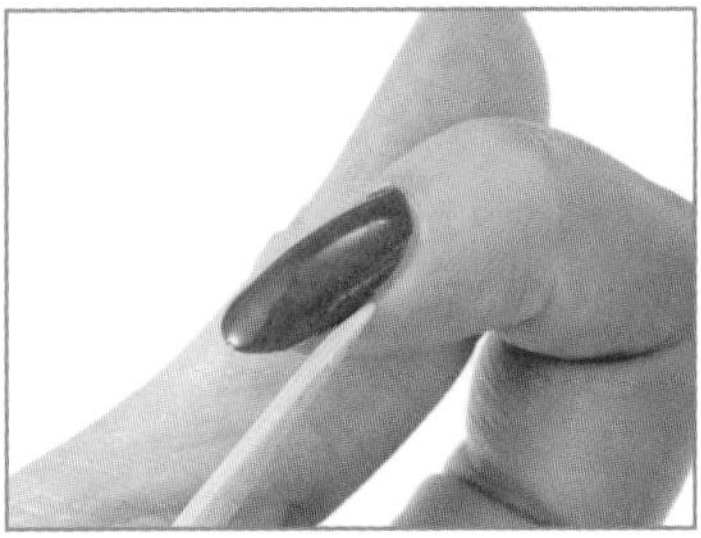

爪からはみ出してしまったマニキュアを拭き取る。

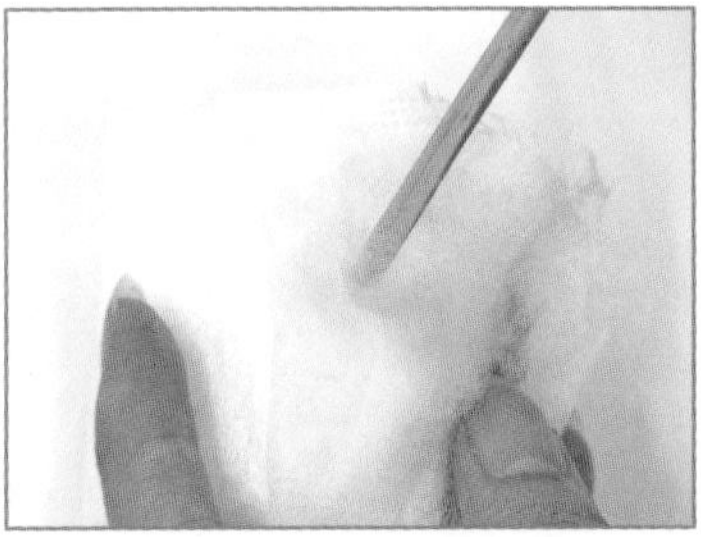

はみ出しが多い場合は、コットンスティックが便利。コットンを真ん中から割き、毛羽をウッドスティックに巻きつけながら少量を取る。

クにコットンを巻きつけてリムーバーをつけます。これをコットンスティックと呼びます。これを使えば、大量に液が流れてしまっても、きれいにぬぐうことができます。

じょうずなマニキュアの保管方法

マニキュアを使ったあとは、ボトルの口が汚れてしまいます。ボトルの口に液が付着したまま蓋《ふた》を閉めてしまうと、それがドロドロしたり固まったりして、しっかり蓋を閉めることができなくなります。

蓋がちゃんと閉まらないと中の液も気化していき、ドロドロしてきて塗りにくくなります。

でも、ほんの少し丁寧に扱うだけで、こうしたことを避けられます。

使ったあとは、キッチンペーパーを小さく切ったものにリムーバーを含ませ、ボトルの口についた液をきれいに

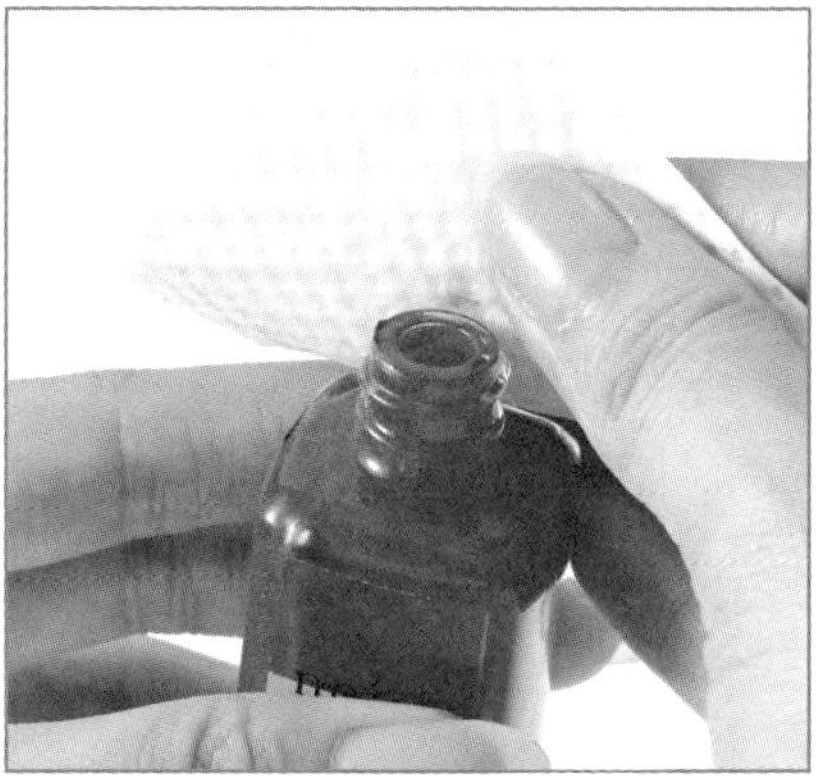

小さく切ったキッチンペーパーにリムーバーを含ませ、ボトルの口をきれいに拭き取る。これでマニュキュアが長持ちする。コットンは毛羽がついてしまうので使わないように。

拭き取り、しっかり蓋が閉まるようにします。これが、マニキュアを長く楽しむ保存方法です。
また、マニキュアは直射日光の当たらない場所で保管してください。

@fumikonailをチェック

インスタグラムでは、他にもいろいろなネイルのコツを発信しています。ぜひ参考にしてください!

・はみ出さない塗り方3つのコツ

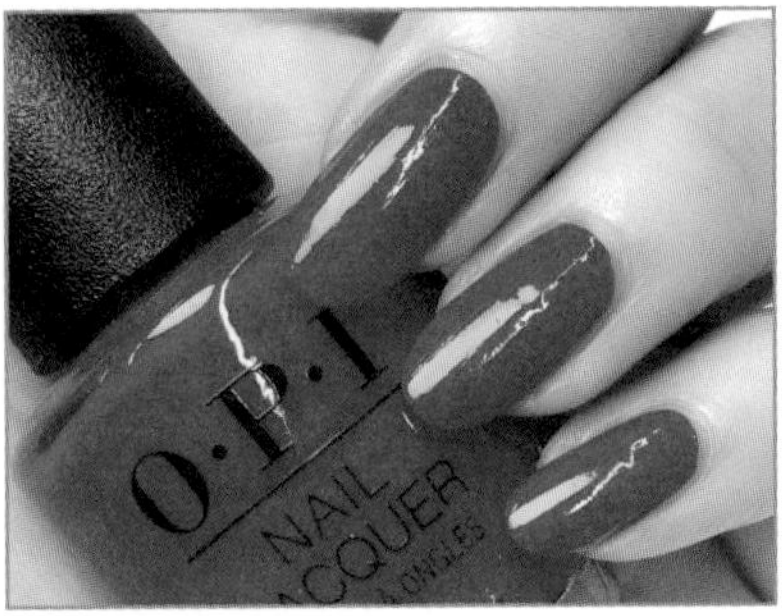

・利き手が上手く塗れる3つのポイント

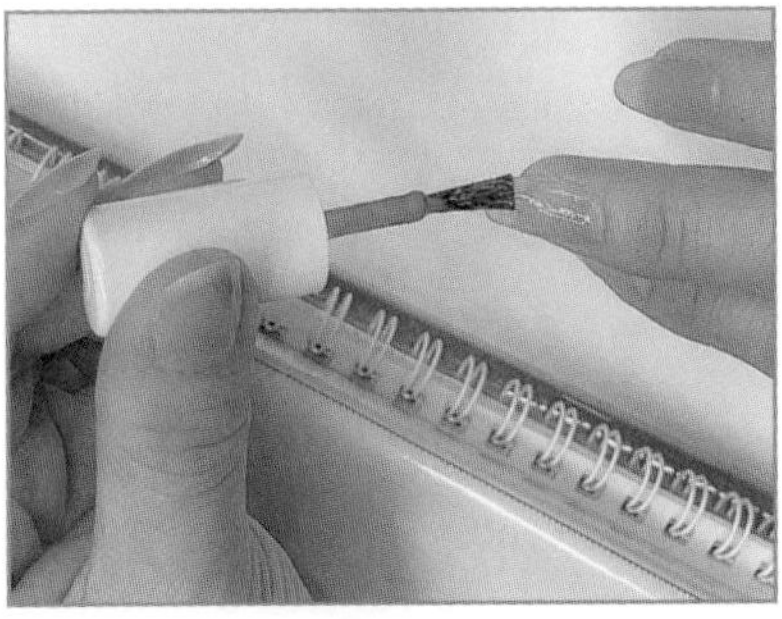

爪にやさしいネイルブランドを教えて

ただでさえストレスが多い今、以前にも増して、心地好いものが支持されるようになってきたと感じます。食べるモノであったり、身につけるモノであったり、空間であったり、自分が心地好いと感じるものを、自分目線で選ぶ時代になっているのではないでしょうか。さまざまな情報があふれている中で、本当に良いものを見極め選ぶという方が増えているように思います。

ネイルもしかりで、肌にやさしいコスメブランドがあるように、爪にやさしいネイルブランドもあります。その代表といえるのがＺＯＹＡ《ゾーヤ》です。

多くの方が、爪がボロボロになってしまうようなやり方ではなく、爪にやさしいＺＯＹＡを選んでいるということに、こうした時代の流れを強く感じます。

また、在宅ワークが普及したこともあり、おうちで過ごす時間が増え、気軽にできるポリッシュでセルフネイルを楽しむ方が多いようです。

ZOYAの魅力

ＺＯＹＡは自爪のためにつくられたポリッシュです。どういったところが〝自爪用〟なのかというと、乾いたあとも爪に柔軟にフィットしているので、はがれにくく長持ちするという点です。

こんな経験はないでしょうか？　ポリッシュが爪先や根元から浮いてきてしまって、ペロンとはがれてしまう……。

柔軟性がないと爪にフィットせず、爪が曲がるときに、その衝撃で爪とポリッシュとの間に隙間ができてしまい、はがれてしまいます。

ＺＯＹＡは柔軟性に優れていてはがれにくく、リムーバーを使う回数も少なくてすみます。ポリッシュは塗っているときに爪が傷むわけではなく、除光液で取るときの乾燥や摩擦で、爪が傷む場合が多いです。ですから、除光液を使う回数が少ないと、そのぶん爪も傷みにくいのです。

爪にやさしい10FREE

近年欧米では、化粧品成分に関する規制が一段と厳しくなっており、ネイルポリッシュの成分も見直されるようになりました。ＺＯＹＡは、こうした規制がはじまるずっと以前から、ケミカルフリーの商品開発に取り組んできました。その歴史を少しだけご紹介しましょう。

1992年　トルエン・ホルマリンを含まない画期的ネイルポリッシュＺＯＹＡ誕生
2006年　フタル酸ジブチルフリーへ
2010年　カンフルフリーへ

「自爪のためのネイルカラーＺＯＹＡ」は、マイケルとゾーヤ夫妻の想いから生まれたブランドです。１９７９年、夫妻はロシアからアメリカに移住。ＺＯＹＡ誕生のストーリーは、化粧品専門資格を持つゾーヤが経営していたサロンからはじまります。

ゾーヤは人工爪（スカルプチュアネイル）によって傷んだ顧客の指先を見るたびに、「安全で健康なケア製品やスキントリートメントを広めたい」と感じていました。また自身が妊娠したこともあり、妊婦でも使えるような、安全性が高く、高品質な商品を開発したいという想いを募らせていきました。

　こうした妻ゾーヤの想いを、化学者である夫マイケルが製品として形にします。こうして、1986年、アートオブビューティー社が設立されました。同社は世界初の速乾性トップコート（特許製品）やユニークなケア製品を生み出し、現在では世界中のサロンやスパで愛用されています。

ZOYAはケミカルフリーで爪にやさしく、カラーバリエーションが豊富なのが魅力。

愛する妻の名前を冠したネイルカラー「ＺＯＹＡ」には
「安全で健康なスキントリートメントを広めたい」
「すべての女性が健康で幸せであるように」
という二人の想いがこめられています。

豊富なカラーバリエーションで選ぶ楽しさ

ＺＯＹＡは、日本で約４００色のカラーバリエーションを発売しています。他のブランドとの圧倒的な違いは、絶妙なくすみピンクが豊富にあるということ。どんなブランドもピンクは豊富にありますが、ＺＯＹＡほどいい感じのピンクをバリエーション豊富に揃えているところは、他にないと思います。季節ごとに発表される新色も楽しみです。

ZOYAはこんな方におすすめ

マニキュアはさまざまなブランドがあります。その中から選ぼうとすると迷ってしまいますよね。ZOYAはこんな方におすすめです。

・安全で高品質なネイルポリッシュをお探しの方
・爪の変色をカバーするナチュラル色のネイルポリッシュをお探しの方
・自爪用の長持ちネイルポリッシュをお探しの方

ZOYAは刷毛が細く、塗りにくいと感じる方もいらっしゃいます。そうした方には、別売りのワイドブラシが大変おすすめです。

一人でも多くの方に、美しい健康な爪で、ネイルのお洒落を楽しんでいただけるようになればうれしいです。

Chapter 5

フットケアで足元美人に

ペディキュアを長持ちさせる塗り方

ペディキュアは、ちょっとした塗り方のコツを押さえておけば、手の爪よりも格段に長持ちさせることができます。次の3点を参考にしていただけるとうれしいです。

ペディキュアを長持ちさせるポイント

1. 爪の根元をきれいにする
2. 爪先をカバーするように塗る
3. 爪の表面はトップコートでカバーする

❶爪の根元をきれいにする

ペディキュアを長持ちさせる1つめのポイントは、爪の根元をきれいにしておくことです。爪の根元に甘皮がへばりついていると、その上に塗ったカラーはすぐにはげてきます。これは、きちんと甘皮処理をすることで防げます。

甘皮処理は自分で簡単にできます！

用意するものは、

・ガーゼ
・ぬるま湯を入れた洗面器

たったこれだけです。基本は手と同じです（25ページの写真参照）。

足の爪の甘皮処理は、入浴中やお風呂上りがおすすめ。皮膚をしっかりふやかすことによって、処理がとてもしやすくなります。もちろん、それ以外のときでも洗面器にお湯を入れて、2〜3分ふやかせばOKです。

ペディキュアの塗り方

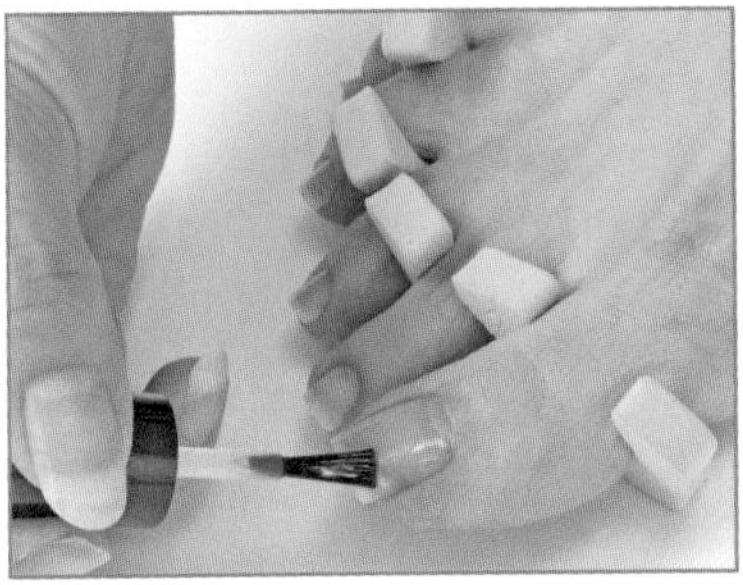

1 最初にベースコートを塗る。

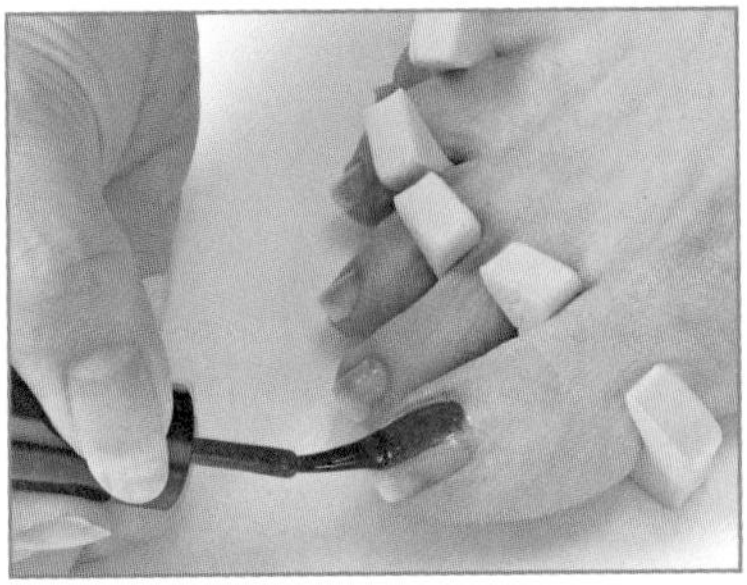

2 その上にカラーを塗る。

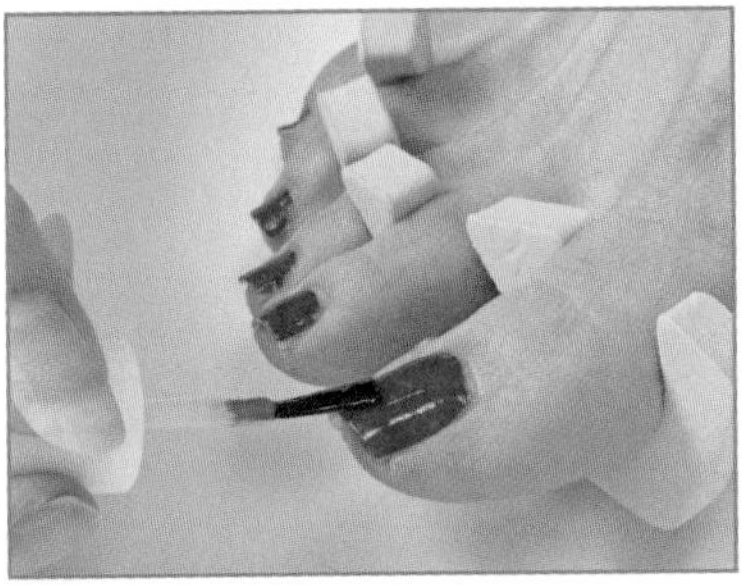

3 さらにトップコートを塗る。

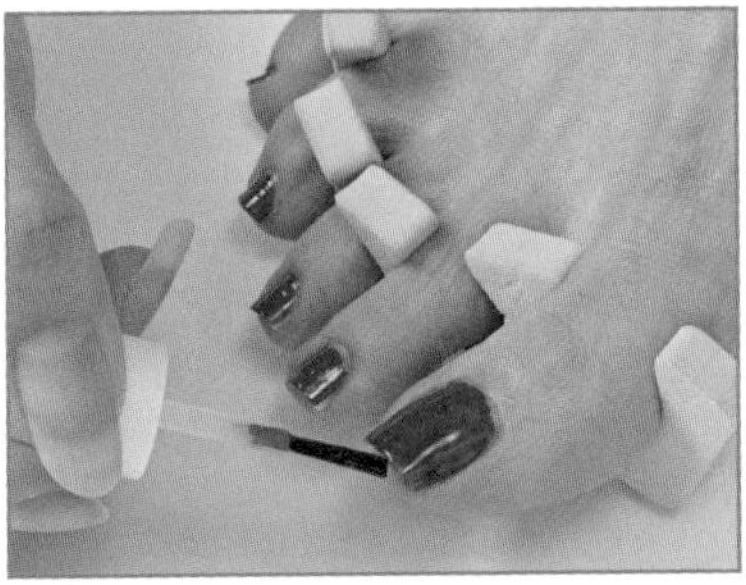

4 爪先も塗っておくとはげにくい。

皮膚がふやけたら、手の親指にガーゼを巻きつけて、やわらかくなった甘皮をやさしく押し上げます。くるくると円を描くように動かすのがコツです。

❷爪先をカバーするように塗る

ペディキュアは、爪先をカバーするように塗ると、先端のカラーがはがれにくくなります！

❸爪の表面はトップコートでカバーする

根元、爪先、爪表面のすべてをカバーできるトップコートは必須です。コツは厚めに塗ること。速乾で、厚みが出て、乾いても縮みにくい、ｎｏｉｒｏのトップコート　グロッシーＳがおすすめです。

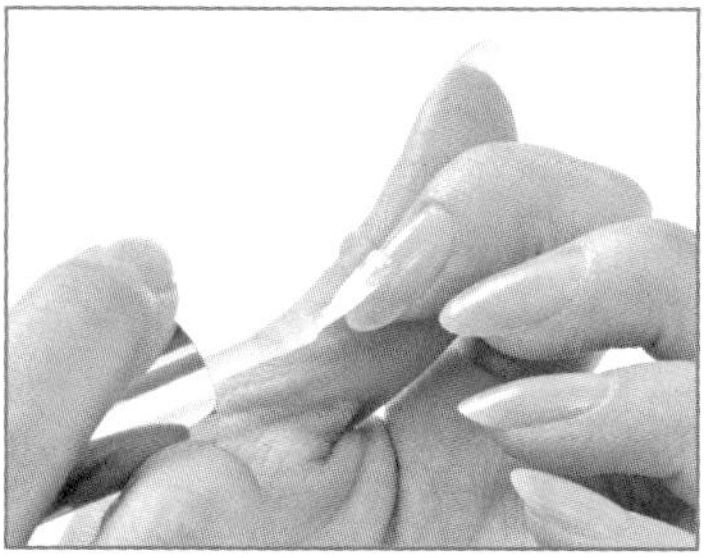

noiro トップコート グロッシーSは、厚みが出て爪をカバーしてくれる。

小指の爪が小さくても、甘皮処理できれいになる！

足の小指の爪が小さくてペディキュアが塗りにくいのですが……という相談をいただくことがあります。

実は私も、以前は先が細い靴などを履いていた影響で小指の爪がとても小さく、ペディキュアをきれいに塗ることができずに悩んでいました。お手入れをするまでは、ほとんど小指の爪がないように見える感じで、ポリッシュは皮膚？　甘皮？　どちらか見分けがつきませんでしたが、その上に塗っていました。

でも、ポリッシュを塗ってもすぐにはげてしまうし、小指だけはどうしようもないのかな……と、半ばあきらめていました。

ですが、インスタグラムでペディキュアの塗り方やデザインなどの写真を載せようと思ったときに、これではだめだ！　と思い、何度かメタルプッシャーで掘り起こしてみたら、なんと！　ほぼなかった小指の爪がだんだんと伸びてきた？　というか、出てきて、大きくなっていったのです！

今、足の小指の爪があまりないという方でも、甘皮処理をすると確実にきれいになっていきますから、ぜひお試しくださいね！

小指の甘皮処理の方法

用意するもの

・お湯

・メタルプッシャー

・ガーゼ

足の小指の爪の甘皮は、とても頑固なので、メタルプッシャーを使います。

小指の甘皮処理の方法

1　お湯につけて甘皮をふやかす

2　メタルプッシャーで、甘皮を押し上げる

3　ガーゼで爪の表面をきれいにする

甘皮処理は、お風呂でやるのもおすすめです。メタルプッシャーを使って甘皮を押し上げたら、手の親指にガーゼを巻きつけ、先をぬらします。足の小指の爪の表面には薄皮が残っていますから、それをきれいに拭き取ってください。

小指の爪の甘皮処理

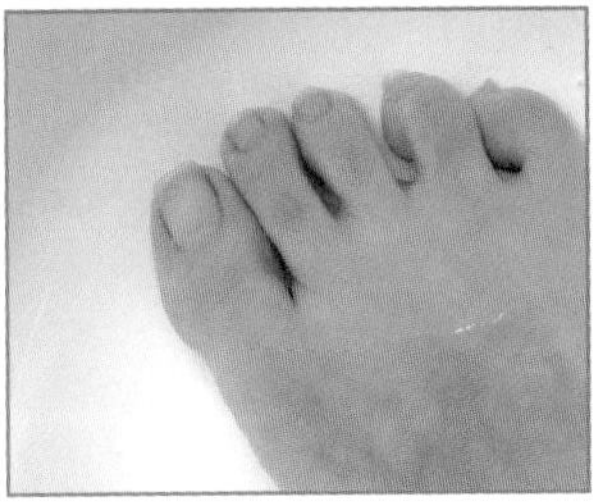

足をお湯につけて甘皮をふやかす。

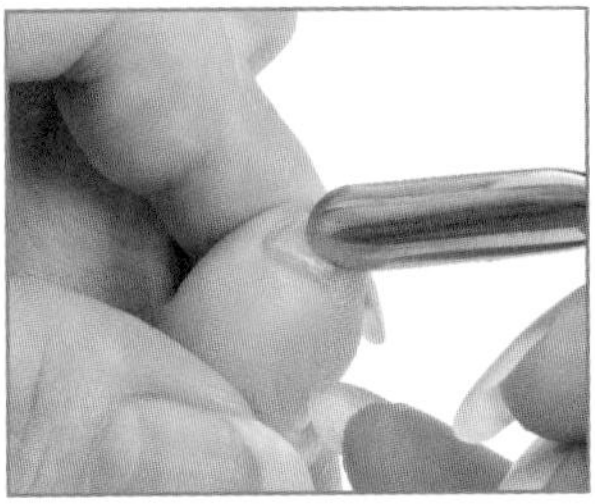

小指の爪に甘皮がかぶさってしまっているときは、メタルプッシャーで少しずつやさしく押し上げる。

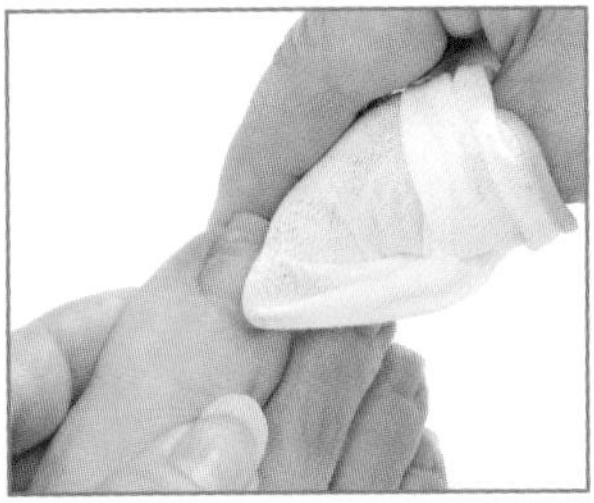

親指にガーゼを巻きつけて、甘皮を押し上げる。

カサカサかかとがツルツルに！
かかとのお手入れ方法

かかとのカサカサに悩まれている方は多いですよね。ガサガサがツルツルになるおすすめのセルフケアをご紹介します。ぴかぴかカカトで、自信をもってサンダルが履けるようになりますよ！

この方法を実践された方からは、

「ずっと悩んでいたかかとのカサカサが治りました！」

「冬になると、ひび割れて血が出るほどでしたが、今年はきれいなままで過ごせています」

など、うれしい感想もいただいています。長年のかかとの悩みがなかったことになるんです。

使うのは、サロン用のかかとローション&フットファイル——ほこり取りブラシみたいな形です（笑）。

これがあれば、おうちで簡単に「かかとケア」ができます。

おうちで簡単にできる「かかとケア」

フットケアの方法

1 かかととファイルにローションをスプレーする
2 少しだけ時間をおく
3 液が馴染んできたら、ファイルでこする

かかともやすりも、少ししっとり湿っている状態が◎。やすりをかけすぎると赤むけになるので、注意しながら少しずつやすってください。

おすすめの「かかとケア」セット

Spaluce《スパルーチェ》フットケアローションは、潤いを与えながら角質をケアする、フッ

トケア専用ローションです。角質にしっかりと浸透する分子量の小さい保湿成分が配合されているので、効果的に角質ケアが行えます。

フットケアの方法

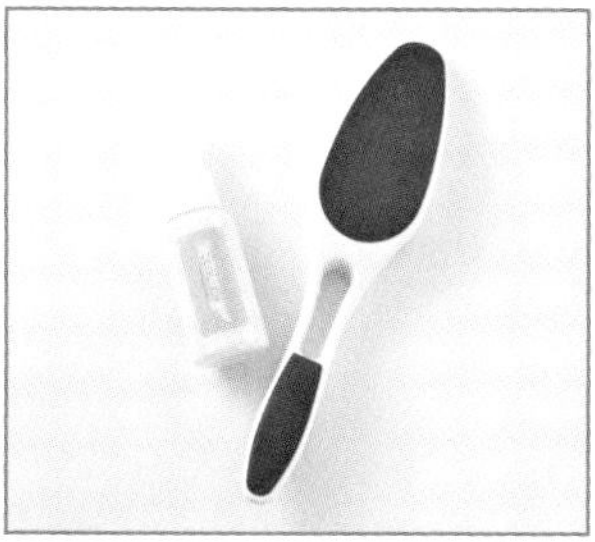

1 かかとローションとフットファイルを用意。

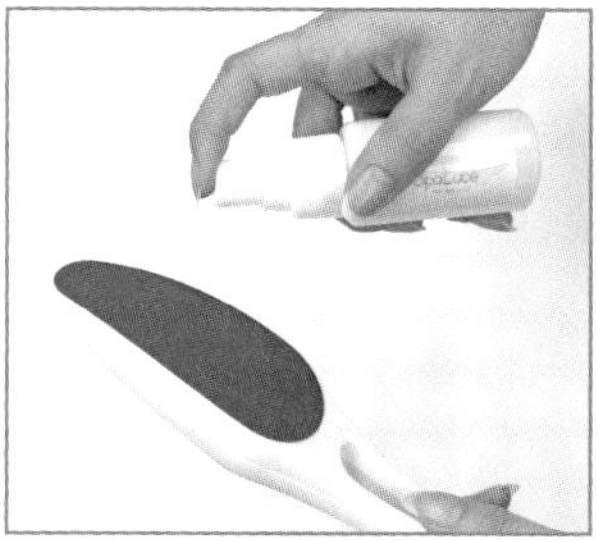

2 ファイルにローションをスプレー。

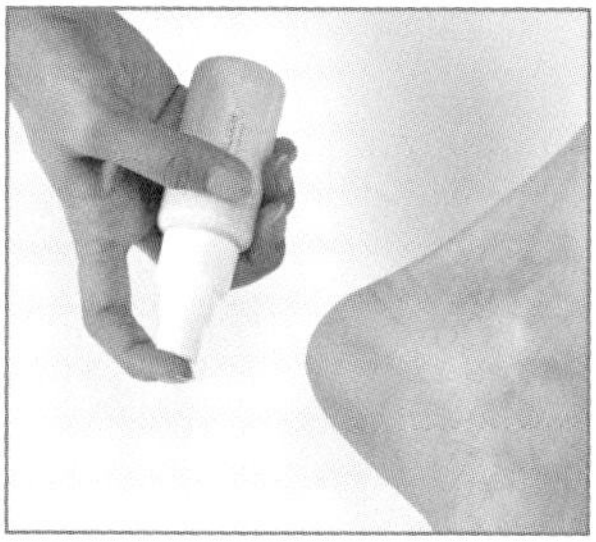

3 かかとにローションをスプレーする。

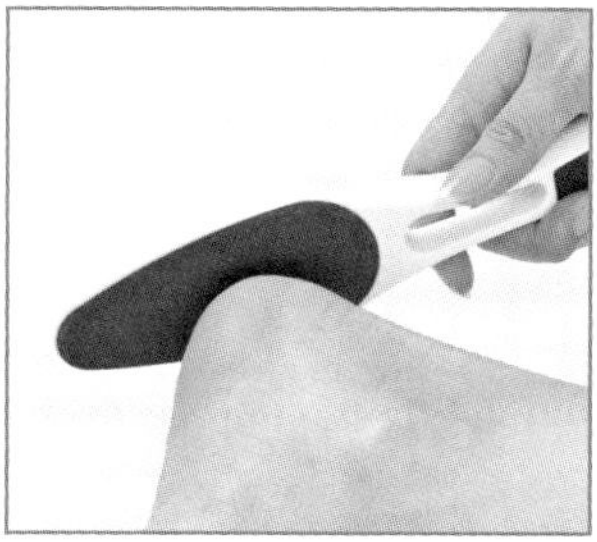

4 フットファイルでかかとをやする。

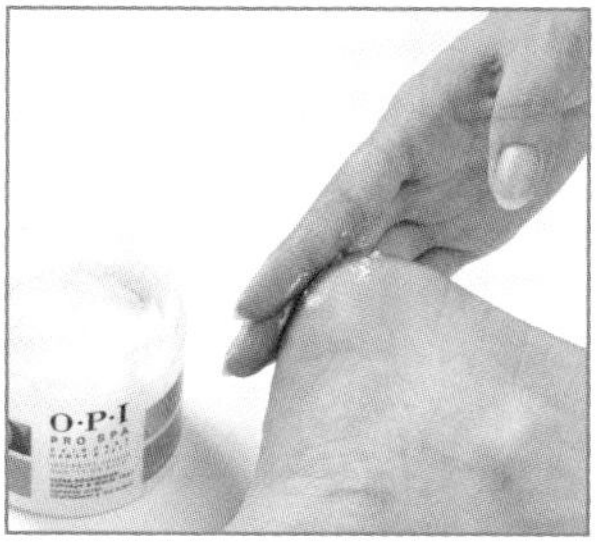

5 かかとをやすったあとは必ずクリームで保湿する。

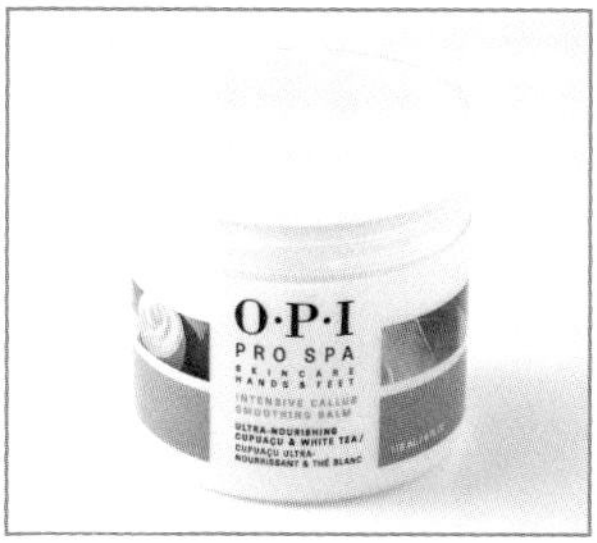

OPIインテンシィブカルス
スムージングバーム
かかとの角質をやわらかくしながら保湿してくれる。

美爪ケアで心にゆとりができた！
認定講師さんの体験談をご紹介します

爪は自分でケアすればきれいになるし、長く伸ばせて、形だって変えられる。まだあまり知られていないこうした情報を、私はＳＮＳで発信してきました。

きれいな指先が、女性にとっていかに大切なものか、私は実感しています。爪がきれいだと心に余裕ができるし、周囲の人にやさしくもなれます。

この事実を一人でも多くの方に知っていただくためにはどうすればよいだろうか？　と考えて、一般社団法人 日本美爪セルフケア協会を設立しました。講師の先生を育てて、美爪セルフケアを全国に広げるのが目標です。

美爪セルフケアをすると、指先だけでなく、生活全体が良くなっていく方がとても多いです。実際にレッスンを受講して、「自分が経験したこの素晴らしさを、他の方にも教えてあげたい！」と認定講師になられた方に、講座の感想などをうかがいました。

女性にとって美しい爪が生活と気持ちにどれだけ潤いをもたらすか、参考にしていただければ幸いです。

丸かった爪が3カ月で縦長爪に変化！

認定講師
川口みさ先生

仕事柄、ネイルをすることができず、爪の形も丸くてコンプレックスがありました。少しでも縦長爪になればと、百均で買った爪やすりや、流行っていたネイルオイルを使ってみるものの、イマイチ効果を感じることができませんでした。

元気いっぱい3歳の息子を育てるママ。美味しい食べ物と、かわいいネイルが日々の癒し。

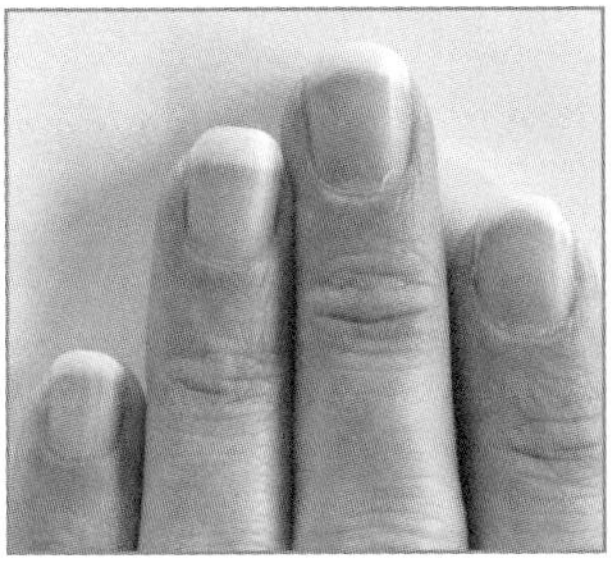

Before

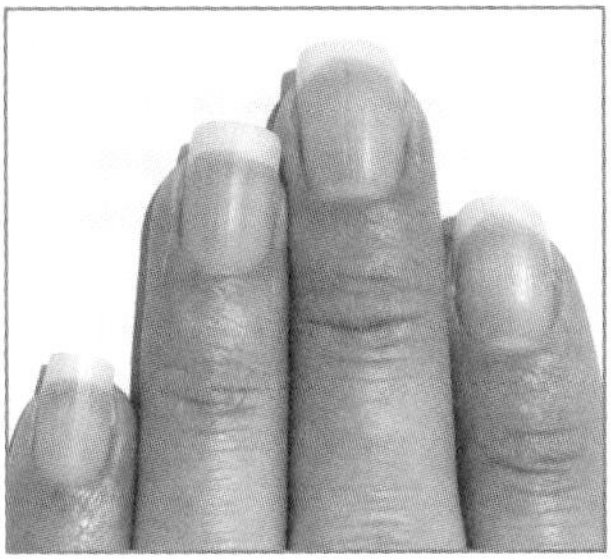

After（3カ月後）

フォローしていた史子さんのインスタグラムでレッスンのモニターを募集していると知り、迷わず応募！　当選したときはすごくうれしかったのを覚えています。

1カ月半くらいで爪に変化がではじめ、3カ月後にはピンク部分が伸びて、縦長爪へと変化しました。

自分一人ではなく、一緒に喜んでくれる史子さんがいたから、前向きに続けられ、その結果、自分でも驚くほどの変化が得られたのだと思います。

家族や友人から爪を褒められることも増え、ネイルオイルでのマッサージに癒され、子育てに対しても少しずつ前向きに変化している自分に気づきました。

ネイルケアは日々自分を大切にできる、自愛の一つだと思います。レッスンを通して生徒さんが癒されて美爪になり、大切な方にもやさしくあれる循環が生まれるような、そんなサポートができたらと考えています。

爪がきれいになったら気持ちが前向きに

認定講師　中島美咲先生

史子先生を知ったきっかけはインスタでした。〝たくさんの人を美爪にしたい〟という熱い想いが伝わってきて、この方の情報は信頼できるなと思いました。

その頃の私は、ジェルネイルをオフしたあとの二枚爪や傷に悩んでおり、先生が美爪セルフケアレッスンをはじめることを知って、「私の望んでいたのはこれだ！」と思いました。

自分できちんとケアできれば、毎月ネイルサロンに通う必要もなく、自分の好きなタイミングでマニキュ

現在小学生２人の子育て中の主婦です。ミニマリストに憧れてます！(程遠い…)。

Before

After（約1年半後）

アも楽しめるしオフもできます。まず自爪を整えることが大事なので、きちんとイチから学んでみたいと思い、受講しました。

私はその前から自分なりに美爪のためにいろいろと試していたので、急に激変したというよりは、1年以上かけていつの間にかきれいになっていたという感じです。

自分でも意外だったのは、爪や手がきれいになったら自信が持てるようになり、人生をより良くしたい、より楽しみたいと、すごく前向きな気持ちに変わったことです。その勢いのまま認定講師にもチャレンジして、正直自分でもびっくりしています。

この変化は、史子先生の人柄に大きく影響を受けたからだと思います。やりがいを感じて、楽しそうにお仕事をされている先生のお姿を拝見して、私もこんなふうになりたいなと、心から思いました。

日々自分と向き合い、自分や周りの人を大切にし、感謝の気持ちを持って、これからもワクワクすることにチャレンジしていきたいと思います。少しでも爪の悩みがある方のお役に立てたらうれしいです。

あとがき

「私史上最高の美爪になりました！」
「爪が変わるだけで気持ちがこんなに変わるなんて、想像していませんでした!!」

これは、私の美爪セルフケアを受講してくださった生徒さんからいただいた言葉です。

私自身、爪をきれいにすることは、心にとても大きな影響を与えることを経験していました。サロンに通わなくても、セルフケアで美しい爪を育てられることを知っていただきたくてはじめた講座でしたが、レッスン生の方からこのようなお言葉をいただいたことで、爪が美しくなると心まで豊かになることは、自分だけではなく、多くの方に共感していただけるのだとわかり、とても大きな自信につながりました。

私が運営しているショップ大人ネイルのお客様、そしてスタッフ、一般社団法人 日本美爪セルフケア協会の会員様、インスタグラム「@fumikonail」のフォロワー様、これまで支えてくれた家族、いつも応援してくれる友人たち、この本を編集してくださった、ビジネス社の山浦様、皆様に、心から感謝しています。

自分を癒して心が満たされると、周りの人にもやさしくなれる。私はそう実感しています。美爪セルフケアは、そんな好循環をつくってくれます。

何気ない日常にこそ、本当の幸せがあります。美爪セルフケアで、みなさんが笑顔あふれる毎日を過ごせるお手伝いができればうれしいです。

２０２３年10月

定　史子

●著者略歴
定 史子（さだ・ふみこ）
株式会社 千田 大人ネイル代表
一般社団法人 日本美爪セルフケア協会 理事長
福井県福井市生まれ。アパレルショップを経営する傍ら、ネイルに興味を持ち、学び始める。ネイル検定1級。2008年ネイル関連商品を扱う通販ショップ「大人ネイル」を設立。多くの人から支持され、人気ブランドとなる。インスタグラム「fumikonail」など、SNSで発信している美爪セルフケアが大反響。美爪で幸福度が上がることの素晴らしさを広めるため、2023年一般社団法人 日本美爪セルフケア協会設立。オンラインネイルレッスンや講師の育成など、セルフネイルケアに関する啓蒙活動を展開している。

ホームページ：大人ネイル本店
https://b.otonanail.jp/

インスタグラム：@fumikonail
https://www.instagram.com/fumikonail/

You Tube：大人ネイルふみこ
https://www.youtube.com/c/otonanail10

大人ネイルBook　どんな爪でもキレイに伸ばせる
自分でできる美爪ケア

2023年12月１日　　第１刷発行

著　者　定　史子
発行者　唐津　隆
発行所　株式会社ビジネス社
〒162-0805 東京都新宿区矢来町114番地
神楽坂高橋ビル５階
電話 03(5227)1602　FAX 03(5227)1603
https://www.business-sha.co.jp

カバー印刷・本文印刷・製本/半七写真印刷工業株式会社
〈編集担当〉山浦秀紀　〈営業担当〉山口健志

ISBN978-4-8284-2574-0